BEI GRIN MACHT SICH IHR WISSEN BEZAHLT

- Wir veröffentlichen Ihre Hausarbeit, Bachelor- und Masterarbeit

- Ihr eigenes eBook und Buch - weltweit in allen wichtigen Shops

- Verdienen Sie an jedem Verkauf

Jetzt bei www.GRIN.com hochladen und kostenlos publizieren

Bibliografische Information der Deutschen Nationalbibliothek:

Die Deutsche Bibliothek verzeichnet diese Publikation in der Deutschen National-
bibliografie; detaillierte bibliografische Daten sind im Internet über http://dnb.d-
nb.de/ abrufbar.

Dieses Werk sowie alle darin enthaltenen einzelnen Beiträge und Abbildungen
sind urheberrechtlich geschützt. Jede Verwertung, die nicht ausdrücklich vom
Urheberrechtsschutz zugelassen ist, bedarf der vorherigen Zustimmung des Verla-
ges. Das gilt insbesondere für Vervielfältigungen, Bearbeitungen, Übersetzungen,
Mikroverfilmungen, Auswertungen durch Datenbanken und für die Einspeicherung
und Verarbeitung in elektronische Systeme. Alle Rechte, auch die des auszugsweisen
Nachdrucks, der fotomechanischen Wiedergabe (einschließlich Mikrokopie) sowie
der Auswertung durch Datenbanken oder ähnliche Einrichtungen, vorbehalten.

Impressum:

Copyright © 2010 GRIN Verlag
Druck und Bindung: Books on Demand GmbH, Norderstedt Germany
ISBN: 9783668627444

Dieses Buch bei GRIN:

https://www.grin.com/document/387817

Anonym

Das Mitarbeitergespräch nach erfolgreich absolvierter Probezeit

Kommunikation und Schlüsselqualifikation

GRIN Verlag

GRIN - Your knowledge has value

Der GRIN Verlag publiziert seit 1998 wissenschaftliche Arbeiten von Studenten, Hochschullehrern und anderen Akademikern als eBook und gedrucktes Buch. Die Verlagswebsite www.grin.com ist die ideale Plattform zur Veröffentlichung von Hausarbeiten, Abschlussarbeiten, wissenschaftlichen Aufsätzen, Dissertationen und Fachbüchern.

Besuchen Sie uns im Internet:

http://www.grin.com/

http://www.facebook.com/grincom

http://www.twitter.com/grin_com

Das Mitarbeitergespräch

nach erfolgreich absolvierter Probezeit

Seminararbeit im Fach Kommunikation und Schlüsselqualifikation

Datum der Abgabe: November 2010

I.   Inhaltsverzeichnis

1. Einleitung

Das Mitarbeitergespräch gilt als eines der wichtigsten Instrumente guter Personalführung.
Funktionierende Kommunikation innerhalb eines Unternehmens ist die Voraussetzung für eine erfolgreiche Zusammenarbeit.
Die vorliegende Seminararbeit und zeigt auf, welche besonderen Gegebenheiten im Mitarbeitergespräch nach der Probezeit zu beachten sind.
Hierbei werden Perspektiven sowohl aus Sicht des Beurteilenden, als auch des zu Beurteilenden dargestellt.

2. Das Mitarbeitergespräch

2.1 Sinn und Zweck des Mitarbeitergesprächs

Eine unerlässliche Aufgabe eines jeden Vorgesetzten ist die Personalführung.

Das Mitarbeitergespräch gilt hierbei als eines der wichtigsten Verständigungsmittel zwischen dem Vorgesetzten und seinem Mitarbeiter.[1] Für eine effiziente Zusammenarbeit ist es unerlässlich, Aufgaben und Probleme im gemeinsamen Gespräch zu klären.

Daher können alle aus der Zusammenarbeit zwischen Vorgesetztem und Mitarbeiter enstehenden Situationen Anlass für ein Mitarbeitergespräch sein.[2]

Sowohl das Koordinieren, Delegieren und Kontrollieren, als auch die Motivation des Mitarbeiters stehen während dieses Gespräches im Vordergrund.

In Bezug auf das Mitarbeitergespräch nach der Probezeit sind das Vereinbaren von Zielen und die Beurteilung der Leistung des Mitarbeiters besonders wichtige Gesprächspunkte.

2.2 Gesprächsvorbereitung

Ist die Probezeit des Mitarbeiters im Unternehmen beendet, ist es die Aufgabe des Vorgesetzen, diesen zu einem Mitarbeitergespräch einzuladen um über die vergangenen Monate zu sprechen.

Ein Mitarbeitergespräch ist nicht in sämtlichen Punkten planbar. Allerdings gibt es bestimmte Kriterien, die im Voraus durchdacht und erfüllt werden sollten.[3]

---

[1] Vgl. Mentzel, W. , Grotzfeld, S. und Haub, C. (2008): S. 7.
[2] Vgl. Neuberger, O. (1980): S. 19.
[3] Vgl. Rischar, K. und Brendt, D. (1994): S. 125.

Grundlage für dieses Gespräch sind systematisch durchgeführte Beobachtungen während der Arbeitsausführung.[4]

Diese Beobachtungen sollten über einen ausreichend langen Zeitraum und in unterschiedlichen Situationen durchgeführt worden sein, um ein realistisches Bild von dem Mitarbeiter erlangen zu können.

„Die Gesprächsvorbereitung umfasst thematische, personelle und organisatorische Aspekte."[5]

Demnach besteht die erste Herausforderung für den Vorgesetzten darin, eine angenehme Gesprächsatmosphäre zu schaffen, in der sich der Mitarbeiter wohl fühlt und das Gefühl hat, offen und partnerschaftlich mit seinem Vorgesetzten reden zu können.[6]

Hierbei sollte an den äußeren Rahmen und den Charakter des Gesprächspartners gedacht werden.

Zuerst ist es wichtig, sich sowohl Gedanken über den Tagesablauf des Mitarbeiters, als auch über den eigenen zu machen.

Betriebliche Aufgaben müssen ein freies Zeitfenster zulassen und eine weitgehende Störungsfreiheit sollte gegeben sein.

Desweiteren muss der Mitarbeiter im Vorfeld ausreichend über das Gespräch informiert worden sein.

Nur wenn er sich gedanklich hinreichend vorbereiten konnte, wird es dem Mitarbeiter möglich sein, sich während des Gespräches wohl zu fühlen.[7]

Einen thematisch besonders wichtigen Aspekt stellen erreichte und angestrebte Ziele dar.

Der Vorgesetzte sollte sich im Vorfeld Gedanken über die Beurteilung der vom Mitarbeiter erbrachten Leistungen machen, wobei diese sowohl aus Kritik, als auch aus Lob bestehen sollte.[8]

---

[4] Vgl. Rischar, K. und Brendt, D. (1994): S. 100.
[5] Sabel, H. (1993): S. 94.
[6] Vgl. Rischar, K. und Brendt, D. (1994): S. 125.
[7] Vgl. Stotz, W. (2007): S. 138.
[8] Vgl. Mentzel, W. , Grotzfeld, S. und Haub, C. (2008): S. 10.

2.3 Gesprächsablauf

Zu Beginn des Gesprächs sorgt der Vorgesetzte durch eine freundliche Begrüßung für eine entspannte Atmosphäre. Zunächst gibt er einen kurzen Ausblick auf den Gesprächsverlauf und die vordergründigen Themen. Vorbereitungsaufzeichnungen helfen dem Vorgesetzten dabei, wichtige Aspekte nicht zu versäumen und die Kontrolle über den Gesprächsverlauf zu behalten.[9]

Im Mittelpunkt sollte die erbrachte Leistung des Mitarbeiters während der Probezeit stehen.

Um dem Mitarbeiter zu signalisieren, dass auch seine Meinung gefragt ist, sollte der Vorgesetzte um eine Stellungnahme des neuen Mitarbeiters bitten.[10]

Häufig genannte Mängel am Mitarbeitergespräch sind vor allem eine fehlende Bereitschaft des Vorgesetzten, dem Gesprächspartner aufmerksam zu folgen, seine Probleme ernst zu nehmen und gemeinsam nach Lösungswegen zu suchen.

Folglich sollte er dem Angestellten durch geduldiges Zuhören die Möglichkeit bieten, auf Kritik einzugehen und eigene Ideen vorzubringen.[11]

Die Beurteilung betrifft die Kompetenz des Mitarbeiters in Bezug auf seine zukünftigen Aufgaben und seine Stellung im Unternehmen.

Der Vorgesetzte beurteilt den Mitarbeiter anhand ausschlaggebender Kriterien, unter anderem spielen seine Auffassungsgabe, Belastbarkeit, Lernfähigkeit und Selbstständigkeit eine wichtige Rolle.[12]

Desweiteren wird berücksichtigt, „auf welche Weise und mit welchem Verhalten dieses Ergebis erreicht wurde".[13]

---

[9] Vgl. Rischar, K. und Brendt, D. (1994): S. 130.
[10] Vgl. Rischar, K. und Brendt, D. (1994): S. 130.
[11] Vgl. Neuberger, O. (1980): S. 23.
[12] Vgl. Mentzel, W. , Grotzfeld, S. und Haub, C. (2008): S. 127.
[13] Mentzel, W. , Grotzfeld, S. und Haub, C. (2008): S. 127.

Hat der Vorgesetzte sich nach Ende einer erfolgreichen Probezeit für die Übernahme des Mitarbeiters entschieden,

teilt er diesem seine gewonnenen Eindrücke über die erbrachte Leistung mit. In seiner sachlichen Kritik sollte er Schwächen und Verbesserungsmöglickeiten aufzeigen, mit dem Ziel, dass dies zur Verbesserung der Leistung des Mitarbeiters führt.[14]

Die Kritik sollte in keinem Fall angreifend oder verletzend auf den Mitarbeiter wirken. Vielmehr sollte sie konstruktiv formuliert sein und dem Mitarbeiter dabei helfen, seinen Erfolg zu optimieren.

Die Führungskraft weiß aus Erfahrung meist, wo die Probleme liegen und wie sie zu beseitigen sind.

Allerdings sollte er nach Möglichkeit versuchen, im Dialog mit seinem Mitarbeiter nach Lösungen zu suchen.

Hierbei kann er von dessen Detailkenntnis profitieren und wird eventuell auf neue Sichtweisen aufmerksam gemacht.[15]

Dadurch, dass der Mitarbeiter das Gefühl hat, an einer Entscheidung aktiv mitgewirkt zu haben, wird er umso motivierter an deren Umsetzung mitarbeiten.[16]

2.4 Die vier Gesprächsebenen

Ein gutes Mitarbeitergespräch besteht aus mehreren Ebenen, von denen einige leicht zugänglich sind und andere eher verborgen liegen.[17]

Das Gespräch kann in vier Schichten eingeteilt werden.

So ist die Inhaltsebene vergleichsweise leicht zugänglich für den Vorgesetzten und erfordert insbesondere Sachlichkeit.[18]

Probleme, Entwicklungen und Abläufe können rational analysiert werden.

---

[14] Vgl. Mentzel, W. , Grotzfeld, S. und Haub, C. (2008): S. 128.
[15] Vgl. Neuberger, O. (1980): S. 190.
[16] Vgl. Neuberger, O. (1980): S. 190.
[17] Vgl. Kießling-Sonntag, J. (2008): S. 16.
[18] Vgl. Schulz v. Thun, F. (1988): o.S.

Dem Mitarbeiter analytisch zuhören und während des eigenen Beitrags sachlich und verständlich bleiben wird auf dieser Ebene von dem Vorgesetzten verlangt.[19]

Auf der Appellebene geht es um den Ablauf und die Rahmenbedingungen des Gesprächs.[20]

Im Vordergrund steht nicht der Inhalt, sondern die Form und die Weise, wie das Gespräch abläuft.

Wichtig für das Verhalten des Vorgesetzten sind vor allem Geduld, Fairness und Klarheit.[21] Er muss das Gespräch in die richtige Richtung lenken und sich dabei stets bewusst darüber sein, mit welchem Ziel diskutiert wird.

Sollte der Mitarbeiter unbegründete Zweifel äußern, muss der Vorgesetzte selbstsicher auftreten und überzeugend argumentieren.

Die dritte Schicht betrifft Beziehungen und Gefühle.

Die Führungskraft sollte in der Lage sein, Gefühlsbotschaften wahrzunehmen und den Sorgen und Bedenken des Mitarbeiters Aufmerksamkeit zu schenken.[22]

Dieser sollte sich wahr- und erstgenommen fühlen.

Der Vorgesetzte sollte aktiv zuhören und sich nicht davor scheuen, Gefühle direkt anzusprechen.[23]

Er kann dem Mitarbeiter ein Feedback geben und sollte auch bereit sein, dieses von seinem Mitarbeiter zu bekommen.

Auf der vierten Ebene geht es um die Selbstoffenbarung.[24]

Diese betrifft individuelle Bedürfnisse, Antriebe und Visionen.

Sie ist generell schwer zu erreichen, da es ein hohes Maß an Vertrauen erfordert, persönliche Träume, Ziele und Antriebsgründe offen zu legen.[25]

---

[19] Vgl. Kießling-Sonntag, J. (2008): S. 16.
[20] Vgl. Kießling-Sonntag, J. (2008): S. 18.
[21] Vgl. Schulz v. Thun, F. (1988): o.S.
[22] Vgl. Kießling-Sonntag, J. (2008): S. 18.
[23] Vgl. Schulz v. Thun, F. (1988): o.S
[24] Vgl. Kießling-Sonntag, J. (2008): S. 20.
[25] Vgl. Schulz v. Thun, F. (1988): o.S.

Es stellt eine besondere Schwierigkeit dar, zwischen beruflich relevanten und irrelevanten Themen zu differenzieren.[26]
Auf dieser Ebene können die eigene Meinung geäußert und Absichten und Ziele formuliert werden.
Um ein für beide Parteien ergiebiges Gespräch zu führen, muss die Konversation auf allen vier Ebenen gelingen.

3. Fazit

Als Ergebnis kann festgehalten werden, dass sowohl für den Vorgesetzten, als auch für den Angestellten das Mitarbeitergespräch nach Ende der Probezeit von besonderer Bedeutung ist.
So geht es zum einen um die Besetzung eines vom Arbeitgeber ausgeschriebenen Arbeitsplatzes, zum anderen um die berufliche Entwicklung des Arbeitnehmers.
Die Vorbereitung und Durchführung eines Mitarbeitergesprächs erfordert von beiden Seiten besondere Sorgfalt.
Sowohl die Reflektion der erbrachten Leistung, als auch das Treffen neuer Zielvereinbarungen und die Förderung des Mitarbeiters stehen im Vordergrund.

---

[26] Vgl. Kießling-Sonntag, J. (2008): S. 20.

II. Literaturverzeichnis

Kießling-Sonntag, Jochen (2008): Mitarbeitergespräche. Training International. Cornelsen Verlag, Berlin

Mentzel, Wolfgang, Grotzfeld, Svenja und Haub,Christine (2008):	Mitarbeitergespräche. Praxisratgeber. Rudolf Haufe Verlag, München
Neuberger, Oswald (1980):	Das Mitarbeitergespräch. Psychologie im Betrieb. Bratt-Institut für Neues Lernen, Goch
Rischar, Klaus und Brendt, Dieter (1994):	Einführung neuer Mitarbeiter. Business Training. MVG Verlag, München
Sabel, Herbert (1993):	Sprechen Sie mit Ihren Mitarbeitern. Die Kunst, Mitarbeitergespräche erfolgreich zu führen, Signale im Gespräch zu erkennen und mit Konfliktsituationen umzugehen. BVB, Bamberg
Schulz von Thun, Friedemann (1988):	Das Kommunikationsquadrat. In:http://www.schulz-von-thun.de/ mod-komquad.html (Download 12.11.2010)
Stotz, Waldemar (2007):	Employee Relationship Management. Der Weg zu engagierten und effizienten Mitarbeitern. Oldenbourg Verlag, München